we love donuts

by CORNELIA TRISCHBERGER

MIT TRENDREZEPTEN FÜR
CROISSANT-DONUTS

Edition Fackelträger

inhalt

Schön traditionell

Ganz neu

Echt amerikanisch

vorwort

we love Donuts!

Wie aus „Olykoeken" Donuts wurden

Die ersten Siedler, die aus Holland, Deutschland und Dänemark nach Nordamerika kamen, brachten neben vielen anderen Dingen auch ihre heimischen Süßigkeiten mit ins Land – natürlich auch die in Fett ausgebackenen runden Bällchen, die „nuts", also Nüsse, aus „dough", also Teig, die bei uns als Berliner Ballen oder Krapfen bekannt sind.

In Aufzeichnungen der New Yorker Stadtgeschichte aus dem Jahr 1808 werden sie erstmals nachweislich als „balls of sweetend dough, fried in hog's fat and called donuts or olykoeks" erwähnt. Damals hatten sie allerdings in der Mitte noch kein Loch …

Die Idee für den Kringel hatte der Legende nach angeblich ein amerikanischer Kapitän mit niederländischen Wurzeln, der von seiner Mutter die „Olykoeken" als Proviant mitbekam und sie aus praktischen Gründen an einen Griff seines Steuerrades gehängt haben soll. Die Wahrhaftigkeit dieser Geschichte lässt sich heute kaum nachprüfen – verbrieft ist dagegen die Anmeldung eines Patents im Jahr 1872 für die erste Donut-Ausstechform. In den 1930er-Jahren wurden Donuts bereits in großen Stückzahlen maschinell hergestellt, und die ersten Donut-Ketten öffneten ihre Pforten.

Die Donuts machten einen unvergleichlichen Siegeszug durch ganz Amerika, und überall entstanden Donut-Schnellrestaurants. Der neueste Trend sind Donut-Bäckereien für Gourmets, die nur mit den feinsten und frischesten Zutaten täglich neue Donut-Kreationen anbieten. Genau diesen Trend möchten wir aufgreifen und in diesem Buch Rezepte für köstliche und raffinierte Donuts vorstellen!

Selbst japanische, polnische, italienische und spanische Bäckereien von San Francisco bis New York sind inzwischen in die Donut-Bäckerei eingestiegen und entwickeln Donuts ganz nach dem speziellen Geschmack ihrer Kunden. Einen richtigen „Donut-Hype" hat Dominique Ansel, französischer Bäcker in New York, ausgelöst: Für seine „Cronuts" stehen die New Yorker schon vor Sonnenaufgang Schlange – aber dazu später mehr …

Eines steht auf alle Fälle fest: Ein Leben ohne Donuts ist für Amerikaner nahezu unvorstellbar – neben Muffins, Popcorn und Hamburgern gelten sie wohl als der Inbegriff des „American way of life". Mittlerweile hat das süße Gebäck aber auch den Weg zurück in die alte Heimat geschafft: von London bis Paris, von Madrid bis Berlin – alle lieben die „Teigkringel"!

Die aus Hefe-, Rühr- oder Croissantteig hergestellten Ringe werden dabei meist immer noch ganz klassisch in siedendem Fett ausgebacken, bevor sie – je nach Geschmack – gefüllt, gezuckert, mit Schokolade oder Glasur überzogen und mit Toppings wie Nüssen, Zuckerstreuseln, getrockneten Früchten und vielem mehr bestreut werden. Für kreative Bäcker sind die leckeren Kringel geradezu ideal, weil man sie in immer neuen Zusammenstellungen wunderbar variieren kann.

Die kleinen Verwandten der großen Kringel sind die Mini-Donuts, die man in einem speziellen „Donut-Maker" herstellt. Wie bei einem Waffeleisen kommt der Teig hier in Mulden zwischen zwei Backplatten – so entstehen im Handumdrehen kleine Donuts, die nicht nur Kinder begeistern!

New in town:
Donuts à la française – ein New Yorker Pâtissier greift zu buttrigem Blätterteig …

Dass die kreative Entwicklung der Donuts nicht stehen geblieben ist, beweist das neueste Mitglied in der „Donut-Familie" – der Croissant-Donut.

Sein Erfinder, der in New York lebende französische Bäcker Dominique Ansel, hat ihn „Cronut" getauft und war schlau genug, diesen Namen gleich als Marke schützen zu lassen. Das Original kann man also wirklich nur in seiner Bäckerei kaufen, die aus Qualitätsgründen allerdings täglich maximal 350 Cronuts herstellt – und damit bei den New Yorkern eine regelrechte Hysterie ausgelöst hat. Schon am frühen Morgen bilden sich rund um die Bäckerei lange Schlangen mit Menschen, die nichts anderes wollen als einen dieser wunderbar saftigen und köstlichen Donuts! Monsieur Ansel, ehemals Pâtissier in einem New Yorker Nobelrestaurant, sieht den „Cronut-Craze" recht selbstbewusst: Für so etwas Gutes, so der Donut-Spezialist, würde er sich selbst auch ohne Weiteres ein paar Stunden anstellen …

Die Idee, Donuts mal „à la française" mit buttrigem Croissantteig zu machen, haben Bäcker von Los Angeles bis London natürlich schnell aufgegriffen – genauso wie wir in diesem Buch. Mit unserem besonderen Teig und den raffinierten Rezepten für Füllungen und Glasuren können Sie das angesagte Kult-Gebäck jetzt auch zu Hause einfach selbst machen und Familie und Freunde mit den hippen Croissant-Donuts überraschen!

Das braucht man zum Donuts-Machen:
Öl, Schmalz und Co.

Wer seine Donuts in der Fritteuse brät, sollte dazu am besten Pflanzenöl verwenden, das es in unterschiedlichen Qualitäts- und Preisstufen – von feinem Traubenkernöl bis zu klassischem Brat- und Frittierfett – gibt.

Auf alle Fälle sollte man in diesem Fett nur Donuts backen und nicht zwischendurch auch mal Pommes frites – der Geschmack leidet ansonsten doch erheblich …

Und natürlich ist es wichtig, das Fett nicht zu lange zu verwenden – wenn es anfängt zu „riechen" und das Öl braun wird, sollte man es spätestens wechseln. Das Öl kann man dann abgekühlt und in Flaschen gefüllt entsorgen.

Pflanzenöle enthalten viele „gesunde" ungesättigte Fettsäuren und sind deshalb auch beim Braten und Frittieren den gehärteten Pflanzenfetten mit mehr gesättigten Fettsäuren vorzuziehen.

Wer seine Donuts lieber in einem Topf auf dem Herd ausbacken möchte, kann auch Butterschmalz verwenden. Es lässt sich ebenfalls sehr hoch erhitzen, und die Donuts bekommen zusätzlich einen leichten Buttergeschmack.

Die richtige Temperatur zum Ausbacken lässt sich bei einer Fritteuse einfach einstellen. Im Topf muss man entweder ein Kochthermometer verwenden oder – wie früher die Großmutter – einen Holzkochlöffel in das Fett halten: Wenn sich kleine Bläschen rundherum bilden, ist das Fett heiß genug!

Fritteuse, Donut-Maker und Co.

Wer Donuts liebt und deshalb häufig welche macht, sollte sich am besten eine Fritteuse zulegen. Damit gelingen die „Teigkringel" zuverlässig in gleicher Qualität – auch bei größeren Mengen. Denn in einer Fritteuse kann man das Fett genau auf den gewünschten Punkt erhitzen, die Backzeit einstellen und das Öl einfach in der Fritteuse wieder abkühlen lassen. Zudem haben die neueren Fritteusen bereits einen eingebauten Filter, sodass die Geruchsentwicklung nicht so stark ist.

Wer die Donuts auf dem Herd backen möchte, sollte unbedingt einen schweren Topf oder eine Pfanne mit hohem Rand verwenden, damit das heiße Fett nicht herausspritzen kann. Das abgekühlte Fett kann man durch ein mit einem Tuch ausgelegten Sieb in eine Glasflasche mit Schraubverschluss abgießen und so bis zum nächsten Donut-Backgang aufbewahren.

Ganz wenig Fett brauchen die Mini-Donuts, die in einem speziellen „Donut-Maker" gebacken werden. Das Gerät arbeitet nach dem Prinzip eines Waffeleisens – man füllt den Teig in nur leicht mit Öl bestrichene Mulden, schließt den Deckel – und bereits nach wenigen Minuten sind die kleinen Kringel knusprig gebacken!

Ansonsten brauchen Sie für die Donuts nur ganz normale Küchenutensilien: von der Rührschüssel bis zum elektrischen Handrührer, von der Pfanne bis zum Pürierstab. Eine spezielle Donut-Ausstechform müssen Sie sich nicht unbedingt zulegen – runde Plätzchen-Ausstecher in groß und klein tun's auch. Und wenn man diese auch nicht zur Hand hat, kann man den Teig notfalls auch mit einer scharfrandigen Tasse und einem kleinen Schnapsglas zu einem „Donut" ausstechen!

Und jetzt: viel Vergnügen beim Donutbacken!

Schön traditionell

CAKE-DONUTS MIT LEICHTEM RÜHRTEIG

Außen knusprig, innen zart und leicht: feine Kuchen-Donuts, mit cremigen Frostings und köstlicher Deko. Und für die Fingerfood-Party oder den Kindergeburtstag gibt es Cake-Donuts im Mini-Format!

Cake-Donuts

Grundrezept

- *für ca. 10 Donuts*

ZUTATEN

2 Eier (M)
160 g Zucker
450 g Mehl (Typ 405)
3 TL Backpulver
1 Päckchen Bourbon-Vanillezucker
2 Msp. Salz
½ TL frisch geriebene Muskatnuss
120 ml Milch
40 g weiche Butter
Mehl zum Ausrollen
Frittierfett

ZUBEREITUNG

1 Die aufgeschlagenen Eier mit Zucker in einer Rührschüssel mit dem elektrischen Handrührer zu einer hellen Creme verrühren.

2 Mehl mit Backpulver, Vanillezucker, Salz und Muskatnuss vermischen. Milch lauwarm erhitzen, weiche Butter zugeben und schmelzen lassen. Abwechselnd den Mehl- und den Milchmix zur Eier-Zucker-Mischung geben, alles immer gründlich vermischen und so lange rühren, bis ein weicher Teig entstanden ist.

Teig abdecken und bei Zimmertemperatur etwa 1 Stunde ruhen lassen.

3 Teig großzügig mit Mehl bestäuben und auf einer bemehlten Arbeitsfläche etwa daumendick ausrollen. Mit einem großen runden Plätzchenausstecher etwa 9 cm große Kreise ausstechen, mit einem kleineren runden Ausstecher (ca. 3 cm) die Mitte der Kreise ausstechen. Teigkringel auf ein bemehltes Blech legen und abgedeckt noch einmal 15 Minuten ruhen lassen.

4 Das Fett in der Fritteuse auf 190 °C erhitzen und die Cake-Donuts darin in 2–3 Minuten hellbraun backen, dabei einmal wenden. Herausnehmen, auf Küchenpapier abtropfen lassen und wie im jeweiligen Rezept beschrieben weiterverarbeiten.

Tipp

Alle Donuts – ob aus Rührteig, Hefeteig oder Croissantteig – schmecken frisch einfach am besten!

Hugo

Holunder, Minze und Prosecco

- *für ca. 10 Donuts*

ZUTATEN

1 x Grundrezept Cake-Donuts (Seite 10)
60 g weiche Butter
160 g Puderzucker
2 EL Prosecco
2 EL Holundersirup (Fertigprodukt)
1 Handvoll kleine Minzblättchen

ZUBEREITUNG

1 Cake-Donuts wie im Rezept auf Seite 10 beschrieben zubereiten.

2 Weiche Butter und Puderzucker in eine Rührschüssel geben und mit dem Schneebesen des elektrischen Handrührers zu einer cremigen Masse verrühren, dabei nach und nach den Prosecco und Holundersirup zugeben und alles gründlich vermischen.

3 Cake-Donuts mit dem Frosting bestreichen und mit den Minzblättchen belegen.

Tipp

Frosting nennt man eine cremige, typisch amerikanische Glasur aus weicher Butter, Puderzucker und diversen Geschmackszutaten, die je nach Rezept dazukommen.

Siciliana

Ricotta, Früchte, Schokolade

- *für ca. 10 Donuts*

ZUTATEN

1 x Grundrezept Cake-Donuts (Seite 10)
30 g weiche Butter
130 g Puderzucker
60 g Ricotta
1 EL fein geriebene Schale einer unbehandelten Orange
2 kandierte Zitronenscheiben
2 kandierte Orangenscheiben
4 EL grob gehackte Zartbitterschokolade

ZUBEREITUNG

1. Cake-Donuts wie im Rezept auf Seite 10 beschrieben zubereiten.
2. Weiche Butter und Puderzucker in eine Rührschüssel geben und mit dem Schneebesen des elektrischen Handrührers zu einer cremigen Masse verrühren, dabei nach und nach den Ricotta und die fein abgeriebene Orangenschale zugeben und alles gründlich vermischen.
3. Kandierte Zitronen- und Orangenscheiben in feine Streifen würfeln.
4. Cake-Donuts mit einem scharfen Messer quer halbieren. Die unteren Hälften mit der Ricottacreme beträufeln, mit den kandierten Zitronen- und Orangenscheiben und der grob gehackten Schokolade bestreuen. Die oberen Cake-Donuts-Hälften daraufsetzen.

Stracciatella

Schokoladen-Vanille-Traum

- *für ca. 10 Donuts*

ZUTATEN

1 x Grundrezept Cake-Donuts (Seite 10)
40 g weiche Butter
130 g Puderzucker
2 EL Sahne
1 EL frisch gepresster Orangensaft
Mark von 1 Vanilleschote (Seite 17)
4 EL grob geraspelte Zartbitterschokolade
4 EL grob geraspelte Vollmilchschokolade

ZUBEREITUNG

1. Cake-Donuts wie im Rezept auf Seite 10 beschrieben zubereiten.
2. Weiche Butter und Puderzucker in eine Rührschüssel geben und mit dem Schneebesen des elektrischen Handrührers zu einer cremigen Masse verrühren, dabei nach und nach die Sahne, den Orangensaft und das ausgeschabte Mark der Vanilleschote zugeben.
3. Cake-Donuts mit dem Frosting bestreichen und mit der grob geraspelten Schokolade bestreuen.

Vanillemark ausschaben

ZUTATEN

1 Vanilleschote

ZUBEREITUNG

1 Vanilleschote auf ein Brettchen legen, mit einem Messer der Länge nach flach drücken.

2 Dann die Schote ebenfalls der Länge nach aufschlitzen, Vanillemark ausschaben und wie im Rezept beschrieben weiterverarbeiten.

Datschi

Pflaumenfruchtig

- *für ca. 10 Donuts*

ZUTATEN

1 x Grundrezept Cake-Donuts (Seite 10)
30 g weiche Butter
120 g Puderzucker
2 EL Sahnejoghurt
5 Pflaumen
2 EL Zucker
1 Prise gemahlener Zimt

ZUBEREITUNG

1. Cake-Donuts wie im Rezept auf Seite 10 beschrieben zubereiten.
2. Weiche Butter und Puderzucker in eine Rührschüssel geben und mit dem Schneebesen des elektrischen Handrührers zu einer cremigen Masse verrühren, dabei nach und nach den Sahnejoghurt zugeben und alles gründlich vermischen.
3. Pflaumen waschen, halbieren und entsteinen. Pflaumenhälften längs in Spalten schneiden. Zucker und Zimt vermischen.
4. Cake-Donuts mit dem Frosting bestreichen, die Pflaumenspalten in die Mitte geben und mit etwas Zimtzucker bestreuen.

Tipp

Statt frischer Pflaumen kann man auch in Scheibchen geschnittene Soft-Trockenpflaumen verwenden.

Tiramisù

Italienische Verführung

- *für ca. 10 Donuts*

ZUTATEN

1 x Grundrezept Cake-Donuts (Seite 10)
40 g weiche Butter
130 g Puderzucker
1 EL Eierlikör
1 EL Amaretto
Kakaopulver zum Bestreuen

ZUBEREITUNG

1. Cake-Donuts wie im Rezept auf Seite 10 beschrieben zubereiten.
2. Weiche Butter und Puderzucker in eine Rührschüssel geben und mit dem Schneebesen des elektrischen Handrührers zu einer cremigen Masse verrühren und dabei nach und nach den Eierlikör und Amaretto zugeben.
3. Cake-Donuts mit dem Frosting bestreichen und dick mit gesiebtem Kakaopulver bestreuen.

Sacher

Wiener Klassik

- *für ca. 10 Donuts*

ZUTATEN

1 x Grundrezept Cake-Donuts (Seite 10)
40 g weiche Butter
130 g Puderzucker
2 EL Crème double
2 EL Marillenmarmelade (Aprikosenmarmelade)
Schokoraspel (Fertigprodukt)

ZUBEREITUNG

1. Cake-Donuts wie im Rezept auf Seite 10 beschrieben zubereiten.
2. Weiche Butter und Puderzucker in eine Rührschüssel geben und mit dem Schneebesen des elektrischen Handrührers zu einer cremigen Masse verrühren, dabei nach und nach die Crème double und Marillenmarmelade zugeben und alles gründlich vermischen.
3. Cake-Donuts mit dem Frosting bestreichen und mit den Schokoraspeln bestreuen.

Rübli

Süße Möhrchen, frisch geerntet

- *für ca. 10 Donuts*

ZUTATEN

80 g Marzipanrohmasse
Rote, gelbe und grüne Lebensmittelfarbe
1 x Grundrezept Cake-Donuts (Seite 10)
40 g weiche Butter
130 g Puderzucker
2 EL Möhrensaft

ZUBEREITUNG

1. 40 g Rohmarzipanmasse in eine Schüssel geben, ein paar Tropfen rote und gelbe Lebensmittelfarbe zugeben, alles gründlich vermischen, bis die Masse leuchtend orange ist.
2. 20 g Rohmarzipanmasse in eine kleine Schüssel geben, einige Tropfen grüne Lebensmittelfarbe zugeben und alles gut vermischen.
3. Aus der orange-gelben Marzipanmasse kleine „Möhrchen" formen, aus der grünen Marzipanmasse kleine Röllchen formen und diese als „Möhrengrün" an die Marzipanmöhren kleben.
4. Cake-Donuts wie im Rezept auf Seite 10 beschrieben zubereiten.
5. Weiche Butter und Puderzucker in eine Rührschüssel geben und mit dem Schneebesen des elektrischen Handrührers zu einer cremigen Masse verrühren, dabei nach und nach den Möhrensaft zugeben und alles gründlich vermischen.
6. Cake-Donuts mit dem Frosting bestreichen und die Marzipanmöhrchen dekorativ darauf verteilen.

Bavaria

Bayrischer Himbeer-Traum

- *für ca. 10 Donuts*

ZUTATEN

150 g Himbeeren
1 x Grundrezept Cake-Donuts (Seite 10)
40 g weiche Butter
130 g Puderzucker
1 EL Sahne
1 EL Himbeermark (Seite 25)
Mark von 1 Vanilleschote (Seite 17)

ZUBEREITUNG

1. Himbeeren waschen und mit Küchenpapier trocken tupfen.
2. Cake-Donuts wie im Rezept auf Seite 10 beschrieben zubereiten.
3. Weiche Butter und Puderzucker in eine Rührschüssel geben und mit dem Schneebesen des elektrischen Handrührers zu einer cremigen Masse verrühren, dabei nach und nach die Sahne, das Himbeermark und das ausgeschabte Mark der Vanilleschote zugeben.
4. Cake-Donuts mit dem Frosting bestreichen und die Himbeeren darauf dekorativ anrichten.

Himbeermark

ZUTATEN

Frische oder tiefgekühlte und aufgetaute Himbeeren
Puderzucker

ZUBEREITUNG

1 Himbeeren in einen hohen Rührbecher geben und mit dem elektrischen Schneidestab fein pürieren.

2 Himbeerpüree durch ein Spitzsieb oder ein anderes feines Sieb in eine Schüssel streichen (mit einem Kochlöffel oder mit dem elektrischen Schneidestab).

3 Himbeermark je nach Süße der Früchte mit Puderzucker abschmecken und wie im Rezept beschrieben weiterverarbeiten.

Karneval

Herzchen, Perlen, Zuckerstreusel

- *für ca. 10 Donuts*

ZUTATEN

1 x Grundrezept Cake-Donuts (Seite 10)
40 g weiche Butter
130 g Puderzucker
2 EL Sahne
Mark von 1 Vanilleschote (Seite 17)
Lebensmittelfarbe (nach Belieben)
Zuckerstreusel, Liebesperlen, Herzchen etc. (nach Belieben)

ZUBEREITUNG

1. Cake-Donuts wie im Rezept auf Seite 10 beschrieben zubereiten.
2. Weiche Butter und Puderzucker in eine Rührschüssel geben und mit dem Schneebesen des elektrischen Handrührers zu einer cremigen Masse verrühren, dabei nach und nach die Sahne und das ausgeschabte Mark der Vanilleschote zugeben und alles gründlich vermischen. Frosting mit einer Lebensmittelfarbe nach Wahl (oder in Portionen aufgeteilt mit mehreren Farben) „einfärben".
3. Cake-Donuts mit buntem Frosting bestreichen und mit den Zuckerstreuseln oder Liebesperlen bestreuen.

Wiener k. u. k.

Der Mohn macht's

- *für ca. 10 Donuts*

ZUTATEN

1 x Grundrezept Cake-Donuts (Seite 10)
40 g weiche Butter
130 g Puderzucker
2 EL Milch
2 EL Pflaumenmus
8 EL gemahlener Mohn

ZUBEREITUNG

1. Cake-Donuts wie im Rezept auf Seite 10 beschrieben zubereiten.
2. Weiche Butter und Puderzucker in eine Rührschüssel geben und mit dem Schneebesen des elektrischen Handrührers zu einer cremigen Masse verrühren, dabei nach und nach die Milch und das Pflaumenmus zugeben und alles gründlich vermischen.
3. Die abgekühlten Cake-Donuts mit dem Frosting bestreichen und mit dem gemahlenen Mohn bestreuen.

Palatschinken

Mit feinster „Topfen"-Füllung

- *für ca. 10 Donuts*

ZUTATEN

1 x Grundrezept Cake-Donuts (Seite 10)
30 g weiche Butter
130 g Puderzucker
2 EL Sahnequark („Topfen")
1 EL fein geriebene Schale einer unbehandelten Zitrone
1 EL Zitronensaft
Mark von 1 Vanilleschote (Seite 17)
4 EL Zesten einer unbehandelten Zitrone

ZUBEREITUNG

1 Cake-Donuts wie im Rezept auf Seite 10 beschrieben zubereiten.

2 Weiche Butter und Puderzucker in eine Rührschüssel geben und mit dem Schneebesen des elektrischen Handrührers zu einer cremigen Masse verrühren, dabei nach und nach Sahnequark, fein geriebene Zitronenschale, Zitronensaft und das ausgeschabte Mark der Vanilleschote zugeben und alles gründlich vermischen.

3 Cake-Donuts mit dem Frosting bestreichen und mit den Zitronenzesten bestreuen.

Mozart

Liebling Salzburg

• *für ca. 10 Donuts*

ZUTATEN

50 g Zartbitterschokolade
1 x Grundrezept Cake-Donuts (Seite 10)
40 g weiche Butter
130 g Puderzucker
1 EL Crème double
1 EL frisch gepresster Orangensaft
20 g fein gewürfelte Marzipanrohmasse
4 EL gehackte Pistazien

ZUBEREITUNG

1. Von der Zartbitterschokolade mit einem Sparschäler feine „Locken" abschälen und auf einem Teller im Kühlschrank aufbewahren.
2. Cake-Donuts wie im Rezept auf Seite 10 beschrieben zubereiten.
3. Weiche Butter und Puderzucker in eine Rührschüssel geben und mit dem Schneebesen des elektrischen Handrührers zu einer cremigen Masse verrühren, dabei nach und nach die Crème double, den Orangensaft und das fein gewürfelte Rohmarzipan zugeben und alles gründlich vermischen.
4. Cake-Donuts mit dem Frosting bestreichen. Die gehackten Pistazien und Schokoladen-„Locken" darauf verteilen.

Bienenstich

Knusprig, knuspriger, Mandelkrokant

- *für ca. 10 Donuts*

ZUTATEN

1 x Grundrezept Cake-Donuts (Seite 10)
25 g weiche Butter
60 g Frischkäse
130 g Puderzucker
2 EL Honig
8 EL Mandelkrokant (Seite 33)

ZUBEREITUNG

1. Cake-Donuts wie im Rezept auf Seite 10 beschrieben zubereiten.
2. Weiche Butter, Frischkäse und Puderzucker in eine Rührschüssel geben und mit dem Schneebesen des elektrischen Handrührers zu einer cremigen Masse verrühren, dabei nach und nach den Honig zugeben und alles gründlich vermischen.
3. Cake-Donuts mit dem Frosting bestreichen und mit dem grob gehackten Mandelkrokant bestreuen.

Mandelkrokant

ZUTATEN

8 EL Mandelblättchen
8 EL Zucker
1 TL Pflanzenöl

ZUBEREITUNG

1. Mandelblättchen und Zucker in eine Pfanne geben und bei kleiner Hitze unter Rühren goldbraun karamellisieren lassen.
2. Mandelkrokant auf einen leicht geölten Teller oder ein Brett geben und abkühlen lassen. Je nach Rezept weiterverarbeiten, zum Beispiel grob hacken.

Rote Früchte

Tonkabohnenwürzig

- *für ca. 10 Donuts*

ZUTATEN

1 x Grundrezept Cake-Donuts (Seite 10)
30 g weiche Butter
130 g Puderzucker
2 EL Sahnequark
½ fein geriebene Tonkabohne
Rote Früchte (z. B. Erdbeeren oder andere rote Früchte nach Saison)

ZUBEREITUNG

1. Cake-Donuts wie im Rezept auf Seite 10 beschrieben zubereiten.
2. Weiche Butter und Puderzucker in eine Rührschüssel geben und mit dem Schneebesen des elektrischen Handrührers zu einer cremigen Masse verrühren, dabei nach und nach den Sahnequark und die fein geriebene Tonkabohne zugeben und alles gründlich vermischen.
3. Rote Früchte waschen und mit Küchenpapier trocknen. Größere Früchte vierteln oder in Scheibchen schneiden.
4. Cake-Donuts mit dem Frosting bestreichen und die Früchte darauf verteilen.

Müsli

Mix it, Baby!

- *für ca. 10 Donuts*

ZUTATEN

1 x Grundrezept Cake-Donuts (Seite 10)
40 g weiche Butter
130 g Puderzucker
2 EL Sahnejoghurt
2 EL Agavendicksaft
8 EL Müsli-Mix (nach Geschmack)

ZUBEREITUNG

1. Cake-Donuts wie im Rezept auf Seite 10 beschrieben zubereiten.
2. Weiche Butter und Puderzucker in eine Rührschüssel geben und mit dem Schneebesen des elektrischen Handrührers zu einer cremigen Masse verrühren, dabei nach und nach den Sahnejoghurt und Agavendicksaft zugeben und alles gründlich vermischen.
3. Cake-Donuts mit dem Frosting bestreichen und mit dem Müsli-Mix bestreuen.

Baklava

Knusper-Nüsse

- *für ca. 10 Donuts*

ZUTATEN

1 x Grundrezept Cake-Donuts (Seite 10)
40 g weiche Butter
130 g Puderzucker
2 EL frisch gepresster Orangensaft
1 TL fein geriebene Schale einer unbehandelten Zitrone
1 TL fein geriebene Schale einer unbehandelten Orange
8 EL Nuss-Mix (gehackte Pistazien, Mandeln und Pinienkerne)

ZUBEREITUNG

1. Cake-Donuts wie im Rezept auf Seite 10 beschrieben zubereiten.
2. Weiche Butter und Puderzucker in eine Rührschüssel geben und mit dem Schneebesen des elektrischen Handrührers zu einer cremigen Masse verrühren, dabei nach und nach den Orangensaft und die geriebene Zitronen- und Orangenschale zugeben und alles gründlich vermischen.
3. Cake-Donuts mit dem Frosting bestreichen und mit dem Nuss-Mix bestreuen.

CUPS
16oz

Florentiner

Honig, Sahne, Mandelblättchen

- *für ca. 10 Donuts*

ZUTATEN

8 EL Mandelblättchen
1 x Grundrezept Cake-Donuts (Seite 10)
40 g weiche Butter
130 g Puderzucker
1 EL Honig
1 EL Sahne

ZUBEREITUNG

1. Mandelblättchen in einer Pfanne bei kleiner Hitze goldbraun rösten.
2. Cake-Donuts wie im Rezept auf Seite 10 beschrieben zubereiten.
3. Weiche Butter und Puderzucker in eine Rührschüssel geben und mit dem Schneebesen des elektrischen Handrührers zu einer cremigen Masse verrühren. Dabei nach und nach den Honig und die Sahne zugeben.
4. Cake-Donuts mit dem Frosting bestreichen und mit den gerösteten Mandelblättchen bestreuen.

Mini-Donuts

Für Fingerfood-Party und Kindergeburtstag

- *für ca. 30 kleine Donuts*

ZUTATEN

1 Ei (M)
80 g Zucker
200 g Mehl
1 Päckchen Bourbon-Vanillezucker
½ Päckchen Backpulver
1 Msp. Salz
90 ml Milch
60 g Butter
2 EL Pflanzenöl
Zucker zum Wälzen

ZUBEREITUNG

1. Das aufgeschlagene Ei mit dem Zucker in einer Rührschüssel mit dem elektrischen Handrührer cremig verrühren.
2. Mehl mit Vanillezucker, Backpulver und Salz vermischen.
3. Milch lauwarm erhitzen, Butter zugeben und schmelzen lassen.
4. Abwechselnd den Mehl- und den Milchmix zur Eier-Zucker-Mischung geben, immer gründlich vermischen und so lange rühren, bis ein geschmeidiger Teig entstanden ist.
5. Teig abdecken und bei Zimmertemperatur etwa 1 Stunde ruhen lassen.
6. Donut-Maker nach Gebrauchsanweisung mit etwas Pflanzenöl einpinseln und vorheizen. Jeweils 1 knappen Esslöffel Teig in jede Donut-Mulde geben, Deckel schließen und die Mini-Donuts in 2–3 Minuten goldbraun backen.
7. Herausnehmen und gleich in Zucker wälzen oder abkühlen lassen und mit Frosting, Puderzucker- oder Schokoladenglasur nach Wahl bestreichen und zum Beispiel mit Zuckerstreuseln oder Liebesperlen bestreuen.

Ganz neu

CROISSANT-DONUTS MIT BUTTRIGEM BLÄTTERTEIG

Die Newcomer mit französischem Touch kommen ganz groß raus: zarter Croissant-Teig, gefüllt mit Gourmet-Cremes, gezuckert, glasiert und mit süßer Knabberware verziert – so fein kann ein Donut sein!

Croissant-Donuts

Grundrezept

- *für ca. 4 Donuts*

ZUTATEN

140 g Mehl (Typ 405)
140 g Mehl (Typ 550)
1 Päckchen Trockenhefe
2 EL Zucker
1 TL Salz
2 EL Pflanzenöl
170 ml lauwarme Milch
150 g kalte Butter
Mehl zum Ausrollen
2–3 Liter Traubenkernöl (oder anderes Pflanzenöl zum Frittieren)

ZUBEREITUNG

1 Beide Mehlsorten, Hefe, Zucker und Salz in eine Schüssel geben und gut verrühren. Das Öl mit der lauwarmen Milch vermischen, zum Mehl-Mix geben und alles mit den Knethaken des elektrischen Handrührers in 4–5 Minuten zu einem geschmeidigen Teig verkneten.

Dann den weichen Teig aus der Schüssel nehmen und mit Mehl bestäubt auf einer bemehlten Arbeitsfläche mit den Händen noch einmal 2–3 Minuten kneten. Teig in die ausgespülte Schüssel zurückgeben und abgedeckt an einem warmen, zugfreien Platz 2–3 Stunden gehen lassen, bis er sich verdoppelt oder verdreifacht hat.

Jetzt den Teig wieder herausnehmen und noch einmal mit etwas Mehl bestäubt auf der bemehlten Arbeitsfläche kurz durchkneten. Teigkugel wieder in die Schüssel geben, mit Klarsichtfolie abdecken und nun im Kühlschrank etwa 1 Stunde gehen lassen, bis sich der Teig wieder verdoppelt hat.

Kalte Butter zwischen zwei Blatt Backpapier legen und mit dem Teigroller zu einem etwa 20 x 20 cm großen Quadrat ausrollen und in den Kühlschrank legen. Teig aus dem Kühlschrank nehmen und mit etwas Mehl bestäubt auf der bemehlten Arbeitsfläche zu einem etwa 40 cm großen Kreis ausrollen.

Butter aus dem Kühlschrank nehmen, Papier abziehen, das Butterquadrat in die Mitte des Teigkreises legen, die überstehenden Teigränder über der Butter

wie ein Päckchen zusammenklappen und die Teigränder zum Verschließen leicht zusammendrücken.

2 Alles auf der bemehlten Arbeitsfläche gleichmäßig und ohne großen Druck zu einem etwa 40 x 20 cm großen Rechteck ausrollen. Den Teigstreifen von der schmalen Seite so zusammenlegen, dass ein dreilagiges Teigquadrat entsteht und dann die Ränder wieder gut zusammendrücken.

Teigquadrat um 90 Grad drehen, sodass die Nahtstelle links liegt, und die Ränder mit dem Nudelholz zusammendrücken. Teigquadrat wieder zu einem etwa 20 cm breiten und 40 cm langen Rechteck ausrollen und dabei Teig und Nudelholz immer wieder mit Mehl bestäuben. Den Teigstreifen wieder dreifach zusammenschlagen, sodass ein Quadrat entsteht. Teig in Klarsichtfolie wickeln und für 1 Stunde im Kühlschrank ruhen lassen.

Teig aus dem Kühlschrank nehmen und den ganzen Vorgang wie oben beschrieben noch einmal wiederholen. Teigquadrat wieder in Folie wickeln und wieder 1 Stunde im Kühlschrank ruhen lassen, dann alles noch einmal wiederholen.

3 Nach der letzten Ruhezeit im Kühlschrank den Teig auf einer bemehlten Arbeitsfläche wieder zu einem ca. 30 x 20 cm großen Rechteck ausrollen. Mit einem großen runden Plätzchenausstecher vier ca. 9 cm große Kreise ausstechen und mit einem kleineren runden Ausstecher (ca. 3 cm) die Mitte der Kreise ausstechen.

4 Croissant-Donuts auf ein mit einem Küchentuch ausgelegtes Backblech legen und abgedeckt an einem warmen Ort ca. 1 Stunde gehen lassen (sie sollten ihr Volumen nahezu verdoppelt haben).

5 Das Fett in der Fritteuse auf 190 °C erhitzen und die Croissant-Donuts darin nacheinander in 2–3 Minuten hellbraun frittieren und dabei einmal wenden. Herausnehmen, auf Küchenpapier abtropfen lassen und wie im jeweiligen Rezept beschrieben weiterverarbeiten.

Tipp

Generell ist es bei Backrezepten wichtig, die einzelnen Arbeitsschritte immer exakt einzuhalten – ganz besonders aber bei diesem. Denn der Croissant-Donut-Teig hat „Diva-Qualitäten": Er braucht uneingeschränkte Aufmerksamkeit und eine ganz genaue Bearbeitung, gelingt dann aber auch ungeübten Bäckerinnen und Bäckern!

Café au Lait

Kleiner Wachmacher

- *für ca. 4 Donuts*

ZUTATEN

1 x Grundrezept Croissant-Donuts (Seite 44)
125 g Mascarpone
40 ml Sahne
4 EL kalter Espresso
1 EL Zucker
100 g Puderzucker
Schokokaffeebohnen

ZUBEREITUNG

1. Croissant-Donuts wie im Rezept auf Seite 44 beschrieben zubereiten und abkühlen lassen.
2. Mascarpone mit Sahne, 2 EL Espresso und dem Zucker in eine Schüssel geben und alles mit dem elektrischen Handrührer cremig aufschlagen.
3. Puderzucker mit dem restlichen Espresso zu einer cremigen Glasur vermischen.
4. Mascarponecreme in einen kleinen Spritzbeutel mit Fülltülle geben. Jeden Donut gleichmäßig von oben an vier Stellen einstechen und mit je ca. 2 EL Creme füllen.
5. Gefüllte Donuts mit der Kaffeeglasur beträufeln und Schokokaffeebohnen dekorativ darauf verteilen.

Crème Brûlée

Schön karamellig

- *für ca. 4 Donuts*

ZUTATEN

1 x Grundrezept Croissant-Donuts (Seite 44)
125 g Crème double
50 ml Sahne
1 Päckchen Bourbon-Vanillezucker
8 EL Zucker

ZUBEREITUNG

1. Croissant-Donuts wie im Rezept auf Seite 44 beschrieben zubereiten und abkühlen lassen.
2. Crème double mit Sahne und Vanillezucker mit dem elektrischen Handrührer cremig aufschlagen.
3. Zucker in einer Pfanne bei kleiner Hitze hellbraun karamellisieren lassen.
4. Crème double in einen kleinen Spritzbeutel mit Fülltülle geben. Jeden Donut gleichmäßig von oben an vier Stellen einstechen und mit je ca. 2 EL Creme füllen.
5. Gefüllte Donuts gleichmäßig mit dem Karamel beträufeln.

Cassis

Schwarzer Johannisbeer-Traum

- *für ca. 4 Donuts*

ZUTATEN

1 Eiweiß (M)
4 EL Zucker
1 x Grundrezept Croissant-Donuts (Seite 44)
100 g Puderzucker
3 EL Cassis (Likör aus schwarzen Johannisbeeren)
8 EL schwarze Johannisbeermarmelade
4 kleine überzuckerte schwarze Johannisbeerripsen (Seite 51)

ZUBEREITUNG

1. Croissant-Donuts wie im Rezept auf Seite 44 beschrieben zubereiten und abkühlen lassen.
2. Puderzucker mit 2 EL Cassis zu einer cremigen Glasur verrühren.
3. Schwarze Johannisbeermarmelade mit 1 EL Cassis vermischen und in einen kleinen Spritzbeutel mit Fülltülle geben. Jeden Donut gleichmäßig von oben an vier Stellen einstechen und mit je ca. 2 EL Marmelade füllen.
4. Donuts mit der Cassis-Glasur gleichmäßig beträufeln und je 1 gezuckerte Johannisbeerripsen dekorativ auf einen Donut legen.

Früchte überzuckern

ZUTATEN

Johannisbeerripsen (oder andere Beeren, Blätter oder Blüten)
1 Eiweiß (M)
4 EL feiner Zucker

ZUBEREITUNG

1 Johannisbeerripsen waschen und mit Küchenpapier trocknen.

2 Eiweiß in einer Schüssel mit einer Gabel leicht schaumig rühren und Zucker auf einen Teller geben.

3 Johannisbeerripsen zuerst in das geschlagene Eiweiß tauchen und abtropfen lassen.

4 Dann rundherum vorsichtig im Zucker wälzen und auf einem Gitter 1–2 Stunden trocknen lassen.

5 Die Früchte noch am selben Tag verwenden – man kann sie maximal bis zu 12 Stunden luftdicht verpackt aufbewahren.

La Vie en rose

Der feine Duft von Rosenwasser

- *für ca. 4 Donuts*

ZUTATEN

1 x Grundrezept Croissant-Donuts (Seite 44)
125 g Crème double
3 EL Rosenwasser (Fertigprodukt)
1 EL Zucker
100 g Puderzucker
1 TL frisch gepresster Zitronensaft
Kandierte oder überzuckerte Rosenblätter (Seite 51)

ZUBEREITUNG

1. Croissant-Donuts wie im Rezept auf Seite 44 beschrieben zubereiten und abkühlen lassen.
2. Crème double mit 1 EL Rosenwasser und dem Zucker in einer Schüssel mit dem Schneebesen des elektrischen Handrührers cremig aufschlagen.
3. Puderzucker mit restlichem Rosenwasser und Zitronensaft zu einer cremigen Glasur vermischen.
4. Rosenwassercreme in einen kleinen Spritzbeutel mit Fülltülle geben. Jeden Donut gleichmäßig von oben an vier Stellen einstechen und mit je ca. 2 EL Creme füllen.
5. Gefüllte Donuts mit der Rosenwasser-Glasur beträufeln und mit den kandierten Rosenblättern dekorieren.

Tipp

Rosenwasser gibt es in Apotheken und türkischen Feinkostläden.

Amande

Mandeln – mon amour

- *für ca. 4 Donuts*

ZUTATEN

4 EL gehackte Mandeln
1 x Grundrezept Croissant-Donuts (Seite 44)
150 ml Sahne
2 EL Amaretto
4 EL Mandelsirup
80 g Puderzucker

ZUBEREITUNG

1. Gehackte Mandeln in einer Pfanne ohne Fett hellbraun rösten.
2. Croissant-Donuts wie im Rezept auf Seite 44 beschrieben zubereiten und abkühlen lassen.
3. Sahne mit Amaretto und 2 EL Mandelsirup in eine Schüssel geben und alles mit dem elektrischen Handrührer halb steif schlagen.
4. Puderzucker mit den restlichen 2 EL Mandelsirup zu einer cremigen Glasur vermischen.
5. Mandelsahne in einen kleinen Spritzbeutel mit Fülltülle geben. Jeden Donut gleichmäßig von oben an vier Stellen einstechen und mit je ca. 2 EL Sahne füllen.
6. Gefüllte Donuts mit der Mandelglasur beträufeln und mit den gerösteten Mandelstückchen bestreuen.

Tipp

Auch schön mit fein gehackten „gebrannten Mandeln", die man auf Volksfesten und Weihnachtsmärkten bekommt.

Ganache

Espresso, Schoko, Tonkabohne

- *für ca. 4 Donuts*

ZUTATEN

1 x Rezept Pariser Creme (Seite 57)
40 ml kalter Espresso
1 x Grundrezept Croissant-Donuts (Seite 44)
100 g Puderzucker
3–4 EL Sahne
¼ fein geriebene Tonkabohne
4 EL fein geriebene Zartbitterschokolade

ZUBEREITUNG

1. Pariser Creme wie im Rezept auf Seite 57 beschrieben zubereiten – hier aber 40 ml Sahne durch 40 ml kalten Espresso ersetzen.
2. Croissant-Donuts wie im Rezept auf Seite 44 beschrieben zubereiten und abkühlen lassen.
3. Puderzucker mit 2 EL Sahne und der geriebenen Tonkabohne zu einer cremigen Glasur vermischen.
4. Ganache-Creme in einen kleinen Spritzbeutel mit Fülltülle geben. Jeden Donut gleichmäßig von oben an vier Stellen einstechen und mit je ca. 2 EL Creme füllen.
5. Gefüllte Donuts mit der Sahne-Glasur beträufeln und mit der sehr fein geriebenen Schokolade gleichmäßig bestreuen.

Tipp

Tonkabohnen bekommen Sie in gut sortierten Lebensmittelläden – die länglichen braunen Bohnen werden fein gerieben und verleihen Cremes und Süßspeisen ein raffiniert süß-würziges Aroma!

Pariser Creme

ZUTATEN

80 ml Sahne
2 EL Butter
150 g Zartbitterschokolade

ZUBEREITUNG

1 Sahne mit Butter und der grob zerteilten Zartbitterschokolade in einen Topf geben, alles bei kleiner Hitze schmelzen lassen und gut vermischen.

2 In eine Schüssel füllen und auf Zimmertemperatur abkühlen lassen.

Tipp

Die Creme kann man abgedeckt im Kühlschrank 2–3 Tage aufbewahren – zum Verarbeiten im heißen Wasserbad wieder auf Zimmertemperatur erwärmen.

Apricot

Mit Hagelzucker

- *für ca. 4 Donuts*

ZUTATEN

1 x Grundrezept Croissant-Donuts (Seite 44)
10 EL Aprikosenmarmelade
1 EL frisch gepresster Zitronensaft
4 EL Hagelzucker

ZUBEREITUNG

1. Croissant-Donuts wie im Rezept auf Seite 44 beschrieben zubereiten und abkühlen lassen.
2. 2 EL Aprikosenmarmelade mit dem frisch gepressten Zitronensaft und 1 EL heißem Wasser in einer kleinen Schüssel gründlich vermischen.
3. Restliche Aprikosenmarmelade in einen kleinen Spritzbeutel mit Fülltülle geben. Jeden Donut gleichmäßig von oben an vier Stellen einstechen und mit je ca. 2 EL Aprikosenmarmelade füllen.
4. Donuts mit der Aprikosenglasur beträufeln und mit dem Hagelzucker bestreuen.

Figues

Feine Früchtchen

- *für ca. 4 Donuts*

ZUTATEN

1 x Grundrezept Croissant-Donuts (Seite 44)
6 frische, reife Feigen à ca. 80 g
3 EL frisch gepresster Mandarinensaft
100 g Puderzucker
2 getrocknete Soft-Feigen

ZUBEREITUNG

1. Croissant-Donuts wie im Rezept auf Seite 44 beschrieben zubereiten und abkühlen lassen.
2. Zwei Feigen waschen, trocknen und längs in Spalten schneiden. Fruchtfleisch der restlichen vier Feigen mit einem kleinen Löffel herausschaben, in einer Schüssel mit einer Gabel zerdrücken und mit 1 EL Mandarinensaft vermischen.
3. Puderzucker mit dem restlichen Mandarinensaft zu einer cremigen Glasur verrühren.
4. Von den getrockneten Soft-Feigen den harten Stielansatz entfernen und dann das Fruchtfleisch in feine Scheibchen schneiden.
5. Feigen-Fruchtpüree in einen kleinen Spritzbeutel mit Fülltülle geben. Jeden Donut gleichmäßig von oben an vier Stellen einstechen und mit je ca. 2 EL Fruchtmasse füllen.
6. Donuts mit der Mandarinen-Puderzucker-Glasur gleichmäßig beträufeln und die Feigenscheiben darauf verteilen.

Provence

Das Aroma des Südens

- *für ca. 4 Donuts*

ZUTATEN

1 x Rezept Crème Pâtissière (Seite 63)
1 EL fein geriebene Schale einer unbehandelten Zitrone
4 EL Zucker
1 EL fein geriebene Schale einer unbehandelten Orange
1 x Grundrezept Croissant-Donuts (Seite 44)
100 g Puderzucker
2 EL frisch gepresster Zitronensaft
2 EL Zitronenthymian-Blättchen

ZUBEREITUNG

1. Crème Pâtissière wie im Rezept auf Seite 65 beschrieben zubereiten und dabei die fein geriebene Zitronenschale unter die Creme mischen.
2. Zucker mit der fein geriebenen Orangenschale auf einem Teller vermischen.
3. Croissant-Donuts wie im Rezept auf Seite 44 beschrieben zubereiten, noch warm im Orangenzucker wenden und abkühlen lassen.
4. Puderzucker mit dem Zitronensaft zu einer cremigen Glasur vermischen.
5. Zitronencreme in einen kleinen Spritzbeutel mit Fülltülle geben. Jeden Donut gleichmäßig von oben an vier Stellen einstechen und mit je ca. 2 EL Creme füllen.
6. Gefüllte Donuts mit der Zitronenglasur beträufeln und die Zitronenthymian-Blättchen darauf verteilen.

Crème Pâtissière

ZUTATEN

2 Eigelb (M)
40 g Zucker
1 ½ EL Mehl
1 ½ EL Stärkemehl
200 ml Milch

ZUBEREITUNG

1 Eigelb mit Zucker in eine Schüssel geben und mit dem Handrührer cremig aufschlagen.

2 Mehl und Stärkemehl vermischen, nach und nach zum Eigelb-Zucker-Mix geben und alles gründlich verrühren.

3 Milch erhitzen und nach und nach zum Eigelb-Mehl-Mix geben und gut vermischen.

4 Alles in einem kleinen Topf unter Rühren erhitzen und so lange rühren, bis die Creme eindickt. Creme in eine Metallschüssel geben, abkühlen lassen und mit Haushaltsfolie abgedeckt im Kühlschrank aufbewahren.

Tipp

Diese Basis-Creme kann man, je nach Rezept, mit verschiedenen Zutaten variieren.

Croquante

Mit 1A-Konditorcreme

- *für ca. 4 Donuts*

ZUTATEN

1 x Grundrezept Croissant-Donuts (Seite 44)
1 x Rezept Crème Pâtissière (Seite 63)
Mark von 1 Vanilleschote (Seite 17)
2 EL Sahne
100 g Puderzucker
4 EL Mandelkrokant (Seite 33)

ZUBEREITUNG

1. Croissant-Donuts wie im Rezept auf Seite 44 beschrieben zubereiten und abkühlen lassen.
2. Crème Pâtissière wie im Rezept auf Seite 63 beschrieben zubereiten und dabei das ausgeschabte Mark einer Vanilleschote untermischen. Vanillecreme abkühlen lassen.
3. Sahne mit Puderzucker in einer kleinen Schüssel zu einer cremigen Glasur verrühren.
4. Vanillecreme in einen kleinen Spritzbeutel mit Fülltülle geben. Jeden Donut gleichmäßig von oben an vier Stellen einstechen und mit je ca. 2 EL Creme füllen.
5. Donuts mit der Sahne-Puderzucker-Glasur gleichmäßig beträufeln und mit dem Mandelkrokant bestreuen.

CROQUA

Lavande

Lavande

Süßer Lavendel-Mix

- *für ca. 4 Donuts*

ZUTATEN

1 x Grundrezept Croissant-Donuts (Seite 44)
150 ml Sahne
2 EL Lavendelhonig
100 g Puderzucker
2 EL Lavendelsirup
1 EL frisch gepresster Zitronensaft
Kandierte Lavendelblüten oder Lavendelperlen

ZUBEREITUNG

1. Croissant-Donuts wie im Rezept auf Seite 44 beschrieben zubereiten und abkühlen lassen.
2. Sahne mit Lavendelhonig mit dem Schneebesen des elektrischen Handrührers in einer Schüssel halb steif schlagen.
3. Puderzucker mit Lavendelsirup und Zitronensaft zu einer cremigen Glasur vermischen.
4. Lavendel-Sahne in einen kleinen Spritzbeutel mit Fülltülle geben. Jeden Donut gleichmäßig von oben an vier Stellen einstechen und mit je ca. 2 EL Sahne füllen.
5. Gefüllte Donuts mit der Lavendel-Glasur beträufeln und mit den kandierten Lavendelblüten dekorieren.

Melon

Mit kandierter Orangenschale

- *für ca. 4 Donuts*

ZUTATEN

1 x Grundrezept Croissant-Donuts (Seite 44)
½ reife Honigmelone
100 g Puderzucker
2 EL weißer Portwein (oder anderer Süßwein)
4 EL kandierte Zesten einer unbehandelten Orange (Seite 69)

ZUBEREITUNG

1. Croissant-Donuts wie im Rezept auf Seite 44 beschrieben zubereiten und abkühlen lassen.
2. Honigmelonen-Fruchtfleisch aus der Schale schneiden, Kerne entfernen, Fruchtfleisch grob würfeln und in einem hohen Rührbecher fein pürieren.
3. Puderzucker mit Portwein zu einer cremigen Glasur verrühren.
4. Melonen-Fruchtpüree in einen kleinen Spritzbeutel mit Fülltülle geben. Jeden Donut gleichmäßig von oben an vier Stellen einstechen und mit je ca. 2 EL Fruchtmasse füllen.
5. Donuts mit der Süßwein-Puderzucker-Glasur gleichmäßig beträufeln und die Orangenzesten dekorativ darauf verteilen.

Orangenschalen-Zesten kandieren

ZUTATEN

1 unbehandelte Orange
30 g Zucker

ZUBEREITUNG

1 Orange heiß abwaschen und mit Küchenpapier trocknen.

2 Mit einem Zestenreißer rundherum feine Streifen von der Schale reißen.

3 Zucker mit 2 EL Wasser in einem Topf erhitzen und bei kleiner Hitze köcheln lassen, bis der Zucker geschmolzen ist.

4 Orangenzesten zugeben, alles bei kleiner Hitze 8–10 Minuten köcheln lassen, bis die Flüssigkeit fast ganz verdampft ist.

5 Kandierte Orangenzesten in eine kleine Schüssel geben und abkühlen lassen.

Clafoutis

Sommerkirschen

- *für ca. 4 Donuts*

ZUTATEN

1 x Grundrezept Croissant-Donuts (Seite 44)
250 g Kirschen
2 EL Kirschgeist
100 g Puderzucker
1 EL frisch gepresster Zitronensaft
4 kandierte Kirschen mit Stiel

ZUBEREITUNG

1. Croissant-Donuts wie im Rezept auf Seite 44 beschrieben zubereiten und abkühlen lassen.
2. Kirschen waschen, Stiele und Kerne entfernen, Fruchtfleisch mit 1 EL Kirschgeist in einen hohen Rührbecher geben und mit dem elektrischen Pürierstab fein zermusen.
3. Puderzucker mit 1 EL Kirschgeist und Zitronensaft zu einer cremigen Glasur vermischen.
4. Kirschpüree in einen kleinen Spritzbeutel mit Fülltülle geben. Jeden Donut gleichmäßig von oben an vier Stellen einstechen und mit je ca. 2 EL Fruchtmus füllen.
5. Gefüllte Donuts mit der Kirschgeist-Glasur beträufeln und je 1 kandierte Kirsche mit Stiel auf jeden Donut legen.

Tipp

Im Winter können Sie dieses Rezept auch mit Sauerkirschen aus dem Glas zubereiten – dann das Fruchtpüree aber zusätzlich mit 1 EL Zucker abschmecken!

Cidre

Von Apfelmus bis Apfelchips

- *für ca. 4 Donuts*

ZUTATEN

1 x Grundrezept Croissant-Donuts (Seite 44)
100 g Puderzucker
2 EL Cidre (Apfelwein)
8 EL Apfelmus (aus dem Glas)
Getrocknete Apfelchips

ZUBEREITUNG

1. Croissant-Donuts wie im Rezept auf Seite 44 beschrieben zubereiten und abkühlen lassen.
2. Puderzucker mit Cidre zu einer cremigen Glasur verrühren.
3. Apfelmus in einen kleinen Spritzbeutel mit Fülltülle geben. Jeden Donut gleichmäßig von oben an vier Stellen einstechen und mit je ca. 2 EL Fruchtmasse füllen.
4. Donuts mit der Cidre-Puderzucker-Glasur gleichmäßig beträufeln und die getrockneten Apfelchips darauf verteilen.

Pastis

Genuss à la française

- *für ca. 4 Donuts*

ZUTATEN

1 x Grundrezept Croissant-Donuts (Seite 44)
150 ml Sahne
2 EL Pastis (französischer Anisschnaps)
1 EL Zucker
1 TL fein geriebene Schale einer unbehandelten Orange
100 g Puderzucker
1–2 EL frisch gepresster Orangensaft
4 EL Orangenfilets (Seite 75)

ZUBEREITUNG

1. Croissant-Donuts wie im Rezept auf Seite 44 beschrieben zubereiten und abkühlen lassen.
2. Sahne mit 1 EL Pastis, Zucker und fein abgeriebener Orangenschale in eine Schüssel geben und alles mit dem elektrischen Handrührer halb steif schlagen.
3. Puderzucker mit 1 EL Pastis und dem Orangensaft zu einer cremigen Glasur vermischen.
4. Pastis-Sahne in einen kleinen Spritzbeutel mit Fülltülle geben. Jeden Donut gleichmäßig von oben an vier Stellen einstechen und mit je ca. 2 EL Sahne füllen.
5. Gefüllte Donuts mit der Orangen-Pastis-Glasur beträufeln und die Orangenfilets darauf verteilen.

Orangen filetieren

ZUTATEN

1 Orange (für ca. 4 EL Orangenfilets)

ZUBEREITUNG

1 Orange mit einem kleinen, scharfen Messer rundherum wie einen Apfel schälen und dabei die weiße Haut mit entfernen.

2 Die Fruchtfilets der geschälten Orange über einer Schüssel vorsichtig zwischen den Häutchen herausschneiden und dabei den Saft auffangen (und anderweitig verwenden).

3 Orangenfilets auf Küchenpapier abtropfen lassen und wie im Rezept beschrieben weiterverarbeiten.

Vin Rouge

Brauner Zucker und roter Wein

- *für ca. 4 Donuts*

ZUTATEN

1 x Rezept Pariser Creme (Seite 57)
40 ml Rotwein
4 EL brauner Zucker
1 x Grundrezept Croissant-Donuts (Seite 44)
100 g Puderzucker
2 Msp. gemahlener Zimt

ZUBEREITUNG

1. Pariser Creme wie im Rezept auf Seite 57 beschrieben zubereiten. Hier aber 30 ml Sahne durch 30 ml Rotwein ersetzen.
2. Braunen Zucker auf einen Teller geben.
3. Croissant-Donuts wie im Rezept auf Seite 44 zubereiten, noch warm im braunen Zucker wenden und abkühlen lassen.
4. Puderzucker mit 2 EL Rotwein und dem gemahlenen Zimt zu einer cremigen Glasur vermischen.
5. Rotwein-Creme in einen kleinen Spritzbeutel mit Fülltülle geben. Jeden Donut gleichmäßig von oben an vier Stellen einstechen und mit je ca. 2 EL Creme füllen.
6. Gefüllte Donuts mit der Rotwein-Glasur beträufeln.

Chantilly

Sahne mit Geschmack

- *für ca. 4 Donuts*

ZUTATEN

1 x Grundrezept Croissant-Donuts (Seite 44)
150 ml Sahne
1 EL Zucker
2 EL Weinbrand
100 g Puderzucker
1 EL frisch gepresster Orangensaft
Kandierte Veilchen

ZUBEREITUNG

1. Croissant-Donuts wie im Rezept auf Seite 44 beschrieben zubereiten und abkühlen lassen.
2. Sahne mit Zucker halb steif schlagen, 1 EL Weinbrand zugeben und alles weiterschlagen, bis die Sahne steif ist.
3. Puderzucker mit 1 EL Weinbrand und dem Orangensaft zu einer cremigen Glasur verrühren.
4. Chantilly-Sahne in einen kleinen Spritzbeutel mit Fülltülle geben. Jeden Donut gleichmäßig von oben an vier Stellen einstechen und mit je ca. 2 EL Sahne füllen.
5. Donuts mit der Weinbrand-Puderzucker-Glasur gleichmäßig beträufeln und mit den kandierten Veilchen dekorieren.

125

Echt amerikanisch

„YEAST“-DONUTS MIT LUFTIGEM HEFETEIG

Schön weich und richtig fluffig sind diese Donuts, die ihren europäischen „Olykoeken“-Vorfahren wohl am ähnlichsten sind. Ganz klassisch werden die warmen Donuts einfach nur in Zimtzucker gewendet – wir haben sie auch noch mit raffinierten Füllungen, süßen Glasuren und köstlichen Toppings verfeinert!

Hefeteig-Donuts

Grundrezept

- *für ca. 8 Donuts*

ZUTATEN

375 g Mehl (Typ 405)
1 Päckchen Trockenhefe
60 g Zucker
1 Päckchen Bourbon-Vanillezucker
Salz
40 g zerlassene, lauwarme Butter
150 ml lauwarme Milch
1 Ei (M)
Mehl zum Ausrollen
Frittierfett

ZUBEREITUNG

1 Mehl in eine Schüssel geben und in der Mitte mit den Händen eine kleine Mulde formen. Hefe mit 1 EL Zucker und 2 EL lauwarmem Wasser vermischen und 10 Minuten abgedeckt ruhen lassen.

2 Vanillezucker, restlichen Zucker, 2 Prisen Salz, Butter, Milch und das aufgeschlagene Ei zugeben, zunächst alles mit den Knethaken des elektrischen Handrührers zu einem weichen Teig vermischen und dann noch einmal kurz mit den Händen durchkneten. Teig in eine Schüssel geben, mit einem sauberen Küchentuch abdecken und an einem zugfreien, warmen Ort mindestens 1 Stunde gehen lassen.

3 Teig noch einmal gut durchkneten und auf einer bemehlten Arbeitsfläche etwa daumendick ausrollen. Mit einem großen, runden Plätzchenausstecher ca. 9 cm große Kreise ausstechen und mit einem kleineren, runden Ausstecher (ca. 3 cm) die Mitte der Kreise ausstechen. Teigkringel auf ein bemehltes Blech legen und abgedeckt noch einmal 1 Stunde gehen lassen.

4 Das Fett in der Fritteuse auf 190 °C erhitzen und die Donuts darin in 2–3 Minuten hellbraun frittieren und dabei einmal wenden. Herausnehmen, auf Küchenpapier abtropfen lassen und wie im jeweiligen Rezept beschrieben weiterverarbeiten.

Tres Leches

Mit feinem Zimtzucker

- *für ca. 4 Donuts*

ZUTATEN

125 g Mascarpone
50 ml Sahne
1 EL Crème fraîche
5 EL Zucker
1 Päckchen Bourbon-Vanillezucker
½ TL gemahlener Zimt
1 x Grundrezept Hefeteig-Donuts (Seite 82)

ZUBEREITUNG

1. Mascarpone mit Sahne, Crème fraîche, 1 EL Zucker und Vanillezucker in eine Schüssel geben, alles mit dem Schneebesen des elektrischen Handrührers cremig aufschlagen und bis zur Verwendung abgedeckt im Kühlschrank aufbewahren.
2. Restlichen Zucker mit Zimt auf einem Teller gründlich vermischen.
3. Hefeteig-Donuts wie im Rezept auf Seite 82 beschrieben zubereiten, noch warm rundherum in der Zimt-Zucker-Mischung wälzen und dann abkühlen lassen.
4. Tres-Leches-Mix in einen kleinen Spritzbeutel mit langer Fülltülle geben. Jeden Donut seitlich viermal einstechen und mit je einem Achtel der Creme füllen.

Strawberry

Fruchtig-frisch

- *für ca. 8 Donuts*

ZUTATEN

400 g Erdbeeren (frisch oder tiefgekühlt und aufgetaut)
1 EL Balsamicoessig
1 EL Zucker
100 g Puderzucker
1 x Grundrezept Hefeteig-Donuts (Seite 82)

ZUBEREITUNG

1. Acht kleine Erdbeeren mit Grün waschen, mit Küchenpapier trocknen, der Länge nach mit Grün halbieren und beiseitelegen.
2. Restliche Erdbeeren putzen, waschen, vierteln, mit Balsamicoessig und Zucker in einen hohen Rührbecher geben und mit dem elektrischen Schneidestab (oder im Mixer) fein pürieren.
3. 2 EL Erdbeerpüree mit dem Puderzucker zu einer cremigen Glasur verrühren.
4. Hefeteig-Donuts wie im Rezept auf Seite 82 beschrieben zubereiten und abkühlen lassen.
5. Restliches Erdbeerpüree in einen kleinen Spritzbeutel mit langer Fülltülle geben. Jeden Donut seitlich viermal einstechen und mit je einem Achtel Fruchtpüree füllen.
6. Gefüllte Donuts mit der Erdbeer-Glasur beträufeln und je zwei Erdbeerhälften daraufsetzen.

Peanuts

Schokoladennussig

- *für ca. 8 Donuts*

ZUTATEN

4 EL ungesalzene Erdnüsse
1 x Grundrezept Hefeteig-Donuts (Seite 82)
8 EL Erdnussbutter (aus dem Glas)
4 EL frisch gepresster Zitronensaft
20 g Butter
4 EL Milch
2 EL Ahornsirup
50 g Zartbitterschokolade
80 g Puderzucker

ZUBEREITUNG

1. Erdnüsse grob hacken und in einer kleinen Pfanne ohne Fett hellbraun rösten.
2. Hefeteig-Donuts wie im Rezept auf Seite 82 beschrieben zubereiten und abkühlen lassen.
3. Erdnussbutter und Zitronensaft in einer Schüssel cremig verrühren.
4. Butter, Milch, Ahornsirup und die grob zerbrochene Zartbitterschokolade in einem kleinen Topf erhitzen und gut vermischen.
5. Vom Herd nehmen, Puderzucker nach und nach zugeben und alles zu einer cremigen Glasur verrühren.
6. Erdnusscreme in einen kleinen Spritzbeutel mit langer Fülltülle geben. Jeden Donut seitlich viermal einstechen und mit je einem Achtel der Creme füllen.
7. Gefüllte Donuts mit der Schoko-Ahornsirup-Glasur beträufeln und mit den gerösteten Erdnüssen bestreuen.

Maple Walnut

Mit würzigem Ahornsirup

- *für ca. 8 Donuts*

ZUTATEN

300 g Walnusskerne
3 EL Ahornsirup
6 EL Sahne
1 x Grundrezept Hefeteig-Donuts (Seite 82)
100 g Puderzucker

ZUBEREITUNG

1. Acht schöne Walnusskernhälften beiseitelegen. Restliche Walnusskerne mit 1 EL Ahornsirup und 5 EL Sahne im Mixer fein pürieren.
2. Hefeteig-Donuts wie im Rezept auf Seite 82 beschrieben zubereiten und abkühlen lassen.
3. Puderzucker mit 2 EL Ahornsirup und 1 EL Sahne zu einer cremigen Glasur vermischen.
4. Walnusspüree in einen kleinen Spritzbeutel mit langer Fülltülle geben. Jeden Donut seitlich viermal einstechen und mit je einem Achtel Nusspüree füllen.
5. Gefüllte Donuts mit der Ahornsirup-Glasur beträufeln und die restlichen Walnusskerne dekorativ daraufsetzen.

Asia

Mango, Ingwer und Limette

- *für ca. 8 Donuts*

ZUTATEN

1 reife Mango
1 Scheibe frischer Ingwer (ca. 1 cm)
3 EL frisch gepresster Limettensaft
1 x Grundrezept Hefeteig-Donuts (Seite 82)
100 g Puderzucker
1 TL fein geriebene Schale einer unbehandelten Limette
40 g fein gehackter kandierter Ingwer
2 EL Zesten einer unbehandelten Limette

ZUBEREITUNG

1. Mango schälen, Fruchtfleisch der Länge nach vom Kern schneiden und grob würfeln. Ingwer schälen und fein hacken. Mangofruchtfleisch, Ingwer und 1 EL Limettensaft in einen hohen Rührbecher geben und alles mit dem elektrischen Schneidestab fein pürieren.
2. Hefeteig-Donuts wie im Rezept auf Seite 82 beschrieben zubereiten und abkühlen lassen.
3. Puderzucker mit 2 EL Limettensaft und der fein geriebenen Limettenschale zu einer cremigen Glasur vermischen.
4. Kandierten Ingwer fein hacken.
5. Mangopüree in einen kleinen Spritzbeutel mit langer Fülltülle geben. Jeden Donut seitlich viermal einstechen und mit je einem Achtel Fruchtpüree füllen.
6. Gefüllte Donuts mit der Limetten-Glasur beträufeln und mit dem fein gehackten kandierten Ingwer und den Limettenzesten bestreuen.

SWEET
BASIL

Sweet Basil

Mit Macadamia-Topping

- *für ca. 8 Donuts*

ZUTATEN

50 g Macadamianüsse
125 g Mascarpone
1 Handvoll grob gehackte Basilikumblättchen
2 EL frisch gepresster Zitronensaft
2 EL Zucker
1 x Grundrezept Hefeteig-Donuts (Seite 82)
100 g Puderzucker
2 EL Himbeermark (Seite 25)
1 Handvoll kleine Basilikumblättchen

ZUBEREITUNG

1. Macadamianüsse grob hacken und in einer Pfanne ohne Fett bei kleiner Hitze hellbraun rösten.
2. Mascarpone mit Basilikum, Zitronensaft und Zucker im Mixer oder im elektrischen Zerhacker fein pürieren.
3. Hefeteig-Donuts wie im Rezept auf Seite 82 beschrieben zubereiten und abkühlen lassen.
4. Basilikum-Mascarpone in einen kleinen Spritzbeutel mit langer Fülltülle geben. Jeden Donut seitlich viermal einstechen und mit je einem Achtel der Creme füllen.
5. Puderzucker mit Himbeermark zu einer cremigen Glasur vermischen.
6. Gefüllte Donuts damit beträufeln und mit den gerösteten Macadamianüssen und kleinen Basilikumblättchen bestreuen.

Naranja

Schön orangig

- *für ca. 8 Donuts*

ZUTATEN

125 g Mascarpone
2 EL Orangenlikör
5 EL frisch gepresster Orangensaft
1 EL fein geriebene Schale einer unbehandelten Orange
1 x Grundrezept Hefeteig-Donuts (Seite 82)
100 g Puderzucker
Kandierte Zesten von 1 Orange (Seite 69)

ZUBEREITUNG

1. Mascarpone mit 1 EL Orangenlikör, 4 EL Orangensaft und der fein geriebenen Orangenschale in einer Schüssel gut vermischen.
2. Hefeteig-Donuts wie im Rezept auf Seite 82 beschrieben zubereiten und abkühlen lassen.
3. Orangencreme in einen kleinen Spritzbeutel mit langer Fülltülle geben. Jeden Donut seitlich viermal einstechen und mit je einem Achtel der Creme füllen.
4. Puderzucker mit 1 EL Orangenlikör und 1 EL Orangensaft vermischen.
5. Gefüllte Donuts mit der Orangenglasur beträufeln und die kandierten Orangenzesten dekorativ darauf verteilen.

All American

Banane, Streusel, Erdnussbutter

- *für ca. 8 Donuts*

ZUTATEN

8 EL Erdnussbutter (aus dem Glas)
4 EL frisch gepresster Orangensaft
1 x Grundrezept Hefeteig-Donuts (Seite 82)
100 g Puderzucker
1 EL Bananensirup
Bananenchips
Bunte Zuckerstreusel

ZUBEREITUNG

1 Erdnussbutter mit 3 EL Orangensaft in einer Schüssel gut vermischen.

2 Hefeteig-Donuts wie im Rezept auf Seite 82 beschrieben zubereiten und abkühlen lassen.

3 Erdnussbutter-Creme in einen kleinen Spritzbeutel mit langer Fülltülle geben. Jeden Donut seitlich viermal einstechen und mit je einem Achtel der Creme füllen.

4 Puderzucker mit Bananensirup und 1 EL Orangensaft zu einer cremigen Glasur vermischen.

5 Gefüllte Donuts damit beträufeln und mit den Bananenchips und Zuckerstreuseln verzieren.

Sesame

Honigsüß

- *für ca. 8 Donuts*

ZUTATEN

4 EL Sesamsamen
1 x Grundrezept Hefeteig-Donuts (Seite 82)
100 g Puderzucker
1 TL fein geriebene Schale einer unbehandelten Zitrone
2 EL frisch gepresster Zitronensaft
12 EL Honig

ZUBEREITUNG

1. Sesamsamen in einer kleinen, beschichteten Pfanne ohne Fett hellbraun rösten.
2. Hefeteig-Donuts wie im Rezept auf Seite 82 beschrieben zubereiten und abkühlen lassen.
3. Puderzucker mit Zitronenschale und Zitronensaft zu einer cremigen Glasur verrühren.
4. Honig in einen Spritzbeutel mit langer Fülltülle geben. Jeden Donut rundherum viermal einstechen und mit je 1 ½ EL Honig füllen.
5. Donuts gleichmäßig mit der Zitronenglasur beträufeln und mit den gerösteten Sesamsamen bestreuen.

Hawaiiana

Aloha Kokosnuss

- *für ca. 8 Donuts*

ZUTATEN

125 g Mascarpone
50 ml Sahne
3 EL Kokossirup
50 g Zucker
1 EL fein geriebene Schale einer unbehandelten Limette
1 x Grundrezept Hefeteig-Donuts (Seite 82)
100 g Puderzucker
1 EL frisch gepresster Limettensaft
Kokosraspel zum Bestreuen

ZUBEREITUNG

1. Mascarpone mit Sahne und 2 EL Kokossirup in eine Schüssel geben, alles mit dem Schneebesen des elektrischen Handrührers cremig aufschlagen und bis zur Verwendung abgedeckt im Kühlschrank aufbewahren.
2. Zucker mit fein abgeriebener Limettenschale auf einem Teller gründlich vermischen.
3. Hefeteig-Donuts wie im Rezept auf Seite 82 beschrieben zubereiten, noch warm rundherum in der Limetten-Zucker-Mischung wälzen und dann abkühlen lassen.
4. Kokos-Mascarpone in einen kleinen Spritzbeutel mit langer Fülltülle geben. Jeden Donut seitlich viermal einstechen und mit je einem Achtel der Creme füllen.
5. Puderzucker mit 1 EL Kokossirup und dem Limettensaft zu einer cremigen Glasur vermischen.
6. Gefüllte Donuts mit der Glasur beträufeln und mit den Kokosraspeln bestreuen.

Pistacchio

Schön knackig

- *für ca. 8 Donuts*

ZUTATEN

6 EL Pistazienkerne
4 EL Pinienkerne
2 EL Sahne
1 EL Honig
1 x Grundrezept Hefeteig-Donuts (Seite 82)
100 g Puderzucker
2 EL frisch gepresster Mandarinensaft

ZUBEREITUNG

1. 2 EL Pistazienkerne im elektrischen Zerhacker ganz fein mahlen.
2. Restliche Pistazien mit Pinienkernen, Sahne und Honig ebenfalls im elektrischen Zerhacker oder im Mixer fein pürieren.
3. Hefeteig-Donuts wie im Rezept auf Seite 82 beschrieben zubereiten und abkühlen lassen.
4. Puderzucker mit Mandarinensaft zu einer cremigen Glasur verrühren.
5. Nusspüree in einen kleinen Spritzbeutel mit langer Fülltülle geben. Jeden Donut seitlich viermal einstechen und mit je einem Achtel Nusspüree füllen.
6. Gefüllte Donuts mit der Mandarinen-Glasur beträufeln und mit den fein gemahlenen Pistazien bestreuen.

Amarettini

Mit knusprigen Mandelkeksen

- *für ca. 8 Donuts*

ZUTATEN

1 x Grundrezept Hefeteig-Donuts (Seite 82)
8 EL Himbeermarmelade
2 EL Amaretto
2 EL frisch gepresster Orangensaft
100 g Puderzucker
80 g Mini-Amarettini (Mandelkekse)

ZUBEREITUNG

1. Hefeteig-Donuts wie im Rezept auf Seite 82 beschrieben zubereiten und abkühlen lassen.
2. Himbeermarmelade mit 1 EL Amaretto und 1 EL Orangensaft vermischen.
3. Puderzucker mit dem restlichem Amaretto und dem restlichem Orangensaft zu einer cremigen Glasur verrühren.
4. Himbeermarmelade in einen kleinen Spritzbeutel mit langer Fülltülle geben. Jeden Donut seitlich viermal einstechen und mit je einem Achtel Marmelade füllen.
5. Mini-Amarettini in einen kleinen Plastikbeutel geben und mit den Handballen grob zerkleinern.
6. Gefüllte Donuts mit Amaretto-Glasur beträufeln und mit den Amarettini-Bröseln bestreuen.

25 ML

125

Tuscany

Vin Santo, Trauben, Pinienkerne

- *für ca. 8 Donuts*

ZUTATEN

4 EL Pinienkerne
1 x Grundrezept Hefeteig-Donuts (Seite 82)
100 g Puderzucker
3 EL Vin Santo (toskanischer Süßwein)
12 EL Trauben- oder Orangengelee

ZUBEREITUNG

1. Pinienkerne in einer beschichteten Pfanne ohne Fett bei kleiner Hitze hellbraun rösten.
2. Hefeteig-Donuts wie im Rezept auf Seite 82 beschrieben zubereiten und abkühlen lassen.
3. Puderzucker mit 2 EL Vin Santo zu einer cremigen Glasur verrühren.
4. Traubengelee mit 1 EL Vin Santo vermischen und in einen kleinen Spritzbeutel mit langer Fülltülle geben. Jeden Donut viermal gleichmäßig verteilt einstechen und mit je 1 ½ EL Gelee füllen.
5. Gefüllte Donuts mit der Vin-Santo-Glasur beträufeln und mit den gerösteten Pinienkernen bestreuen.

Greece

Sommer, Sonne, Sahnejoghurt

- *für ca. 8 Donuts*

ZUTATEN

1 x Grundrezept Hefeteig-Donuts (Seite 82)
200 g griechischer Sahnejoghurt
2 EL Honig
2 Msp. gemahlener Zimt
100 g Puderzucker
2 EL frisch gepresster Zitronensaft
8 EL frischer Obstsalat (grob gewürfelt, Früchte nach Saison)

ZUBEREITUNG

1. Hefeteig-Donuts wie im Rezept auf Seite 82 beschrieben zubereiten und abkühlen lassen.
2. Joghurt mit Honig und Zimt vermischen.
3. Joghurtcreme in einen kleinen Spritzbeutel mit langer Fülltülle geben. Jeden Donut seitlich viermal einstechen und mit je einem Achtel Joghurt füllen.
4. Puderzucker mit dem Zitronensaft zu einer cremigen Glasur verrühren.
5. Gefüllte Donuts mit der Zitronen-Glasur beträufeln und die Obstsalatstückchen dekorativ darauf verteilen.

Blueberry

Beerenstark

- *für ca. 8 Donuts*

ZUTATEN

4 EL Cashewnüsse
1 x Grundrezept Hefeteig-Donuts (Seite 82)
250 g Blaubeeren (frisch oder tiefgekühlt und aufgetaut)
1 EL Honig
100 g Puderzucker
2 EL Blaubeersaft (Fertigprodukt)

ZUBEREITUNG

1. Cashewnüsse grob hacken und in einer Pfanne ohne Fett bei kleiner Hitze hellbraun rösten.
2. Hefeteig-Donuts wie im Rezept auf Seite 82 beschrieben zubereiten und abkühlen lassen.
3. Blaubeeren waschen und mit Küchenpapier trocknen. Mit Honig in einen hohen Rührbecher geben und mit dem elektrischen Schneidestab (oder im Mixer) fein pürieren.
4. Puderzucker mit Blaubeersaft zu einer cremigen Glasur verrühren.
5. Blaubeerpüree in einen kleinen Spritzbeutel mit langer Fülltülle geben. Jeden Donut seitlich viermal einstechen und mit je einem Achtel Fruchtpüree füllen.
6. Gefüllte Donuts mit der Blaubeer-Glasur beträufeln und mit den gerösteten Cashewnüssen bestreuen.

Halloween

Buntes Kürbisvergnügen

- *für ca. 8 Donuts*

ZUTATEN

4 EL Kürbiskerne
1 x Grundrezept Hefeteig-Donuts (Seite 82)
100 g Puderzucker
2 EL Limettensaft
1 TL fein geriebene Limettenschale
Rote und gelbe Lebensmittelfarbe
16 EL Kürbiskonfitüre (Fertigprodukt)

ZUBEREITUNG

1. Kürbiskerne in einer Pfanne ohne Fett hellbraun rösten.
2. Hefeteig-Donuts wie im Rezept auf Seite 82 beschrieben zubereiten und abkühlen lassen.
3. Puderzucker mit Limettensaft, Limettenschale und je 1 Spritzer roter und gelber Lebensmittelfarbe zu einer cremigen, orangefarbenen Glasur vermischen.
4. Kürbiskonfitüre in einen kleinen Spritzbeutel mit Fülltülle geben. Jeden Donut seitlich an vier Stellen einstechen und mit je ca. 2 EL Konfitüre füllen.
5. Gefüllte Donuts mit der Limetten-Glasur beträufeln und mit den gerösteten Kürbiskernen bestreuen.

Preiselbeere

Feinherber Fruchtgenuss

- *für ca. 8 Donuts*

ZUTATEN

8 EL Preiselbeerkompott (aus dem Glas)
3 EL Preiselbeersaft
1 x Grundrezept Hefeteig-Donuts (Seite 82)
100 g Puderzucker
4 EL getrocknete Preiselbeeren

ZUBEREITUNG

1. Preiselbeerkompott mit 1 EL Preiselbeersaft vermischen.
2. Hefeteig-Donuts wie im Rezept auf Seite 82 beschrieben zubereiten und abkühlen lassen.
3. Puderzucker mit 2 EL Preiselbeersaft zu einer cremigen Glasur verrühren.
4. Preiselbeerkompott in einen kleinen Spritzbeutel mit langer Fülltülle geben. Jeden Donut seitlich viermal einstechen und mit je einem Achtel Kompott füllen.
5. Gefüllte Donuts mit der Preiselbeer-Glasur beträufeln und die getrockneten Preiselbeeren darauf verteilen.

Gianduja

Nuss-Nougat und Krokant

- *für ca. 8 Donuts*

ZUTATEN

8 EL Nuss-Nougatcreme
4 EL frisch gepresster Orangensaft
1 x Grundrezept Hefeteig-Donuts (Seite 82)
100 g weiße Kuvertüre
8 EL Haselnusskrokant

ZUBEREITUNG

1. Nuss-Nougatcreme mit Orangensaft in einer Schüssel gut vermischen.
2. Hefeteig-Donuts wie im Rezept auf Seite 82 beschrieben zubereiten und abkühlen lassen.
3. Nuss-Nougatcreme in einen kleinen Spritzbeutel mit langer Fülltülle geben. Jeden Donut seitlich viermal einstechen und mit je einem Achtel der Creme füllen.
4. Weiße Kuvertüre in einer kleinen Schüssel im heißen Wasserbad schmelzen lassen.
5. Gefüllte Donuts dekorativ mit der weißen Kuvertüre beträufeln und mit dem Haselnusskrokant bestreuen.

register

impressum

Emil-Hoffmann-Straße 1
D-50996 Köln

Satz und Gestaltung: CulinartMedia Deutschland
Gestaltung: Harrah Lord
Satz: Patty Holden
Fotografie: Studio Eising

Gesamtherstellung: VEMAG Verlags- und Medien AG, Köln

ISBN 978-3-7716-4555-7

www.fackeltraeger-verlag.de